Jeder Tag, den du nicht auf die Regierung schimpfst, ist ein verlorener Tag.
Edgar Külow

Edgar Külow

Poesie-Al-bumm
Gedichte

Mit Illustrationen von Peter Muzeniek

Eulenspiegel Verlag

Mit Unterstützung von Familie Külow
und Peter Wasem

ISBN 978-3-359-02380-7

© 2012 Eulenspiegel Verlag, Berlin
Umschlaggestaltung unter Verwendung von Motiven
von Peter Muzeniek

Printed in the EU
Ein Verlagsverzeichnis schicken wir Ihnen gern:
Eulenspiegel · Das Neue Berlin
Verlagsgesellschaft mbH & Co. KG
Neue Grünstr. 18, 10179 Berlin
Tel. 01805 / 30 99 99
(0,14 €/Min., Mobil max. 0,42 €/Min.)

Die Bücher des Eulenspiegel Verlags
erscheinen in der Eulenspiegel Verlagsgruppe.

www.eulenspiegel-verlagsgruppe.de

Vowort

Tausende stehen stundenlang am Potsdamer Platz und warten kreischbereit auf die Künstler. Eine ganze Woche ist vergangen, und Berlin hat kein Filmfestival gehabt. Der Lastkraftwagen mit den Bambis müsste längst da sein. Eine weitere Woche ist vergangen, und Berlin hat immer noch kein Filmfestival gehabt.

Nun gut, aber der Tieflader mit den Goldenen Hennen ist schon vorgefahren. Die Bundesverdienstkreuze sind bereits avisiert, ebenso die Tapferkeitsmedaillen für die Gefallenen vom Hindukusch.

Es geht das Gerücht, Red Bull habe 160 blecherne Orden für die Tennisgiganten geliefert. Auch lägen noch etliche unter der Stanze, vermutlich für Bücher, Gemälde, Musik und anderes Gedöns. Es geht also um das Veranstalten täglicher Festivals zur Befriedigung der Künstler und ihrer Fans. Die Zufriedenheit des Künstlers in der DDR fand dort statt, wo die Treue zur sozialistischen Heimat geehrt wurde. Auch die eifrige Hingabe ans kapitalistische Deutschland wird es immer geben, sobald der deutsche Künstler die deutsche Bühne erklimmt und statt am Nasen- am Ifflandring durch die großdeutsche Fernweh-Arena geführt wird.
Viel mitgebrachtes Kleinholz läuft gehäckselt durch die Spalten der Presse, und Jubel wechselt

mit betretenem Schweigen, wenn die Poetenwitwe lesenderweise ihre Rente aufbessert. Ich kenne gottlob immer noch den einen oder anderen Prominenten, der seinen Lebenslauf noch nicht durch den Blätterwald geschwenkt hat. Zugegeben, die eigene Vita hat aber auch erheblich schärfere Seiten als das Leben der anderen.

Edgar Külow
(10. Sept. 1925 – 29. Sept. 2012)

POESIE

Lebe lustig, lebe heiter
wie der Schuster und der Schneider
unsere – Freundschaft, die soll wurzeln
bis wir in die Erde purzeln.

Sei treu in der Arbeit,
sei treu in der Pflicht
und lockt die Versuchung
so folge ihr nicht!

Der Kaiser ist ein lieber Mann
Er wohnt in Berlin
Und wär es nicht so weit von hier
Ich führe täglich hin.
(Mathilde von Below, 1897)

Frau Merkel ist ne liebe Frau
Sie wohnt in Berlin
Doch hat sie mal die Schnauze voll
Fliegt sie schnell nach Templin.
(E.K.)

Vorwärts immer
Rückwärts nimmer!
(Erich Honecker, 1976, IX. Parteitag)

Die Fliegen an der Wand

Vier Fliegen saßen an der Wand
Von Tante Jettchens Stube.
Drei waren Mädchen und verwandt,
Die vierte war ein Bube.

Frau Jette trat zur Tür herein
Mit einer Fliegenklatsche,
Dass sie im letzten Abendschein
Die schwarze Brut zermatsche.

Sie holte aus, doch hinter ihr
Stand Paul, ihr Ehegatte,
Dass er – abhold dem Schmeißgetier –
Sie in dem Kampf beschatte.

Der Ellenbogenknochen kracht
Dem Paul aufs Nasenbein,
Das Blut spritzt, Paul hat den Verdacht,
Es muss gebrochen sein.

Er fällt und reißt das Tischtuch mit,
Der Goldfisch liegt im Sterben.
Der Hund kriegt einen schweren Tritt.
Er jault sich ins Verderben.

Frau Jette schwankt in das Klosett,
Die Klatsche hat zig Beulen.
Sie zieht die Schlüpfer übers Knie
Und fängt gleich an zu heulen.

Der Fliegenbock steigt auf die Maid
Und macht ihr neue Fliegen.
Er summt ein Lied von „Lust und Leid,
Von Kämpfen und von Siegen".

Nein! Pferde eignen sich nicht gut.
Sie kleben schlecht an Wänden.
Der Saugnapf fehlt als Attribut
An Füßen und an Händen.

Die Fliegen sind auch nicht so dumm,
Sich täglich aufzureiben,
Sie fliegen froh im Raum herum
und scheißen auf die Scheiben.

Feiertag

Ist Feiertag, ist Feiertag
Der Staat er feiert sich
Der Kanzler lädt sich Leute ein
Da gibt es Kaviar und Wein
Und wer denkt da an mich?

Ist Feiertag, ist Feiertag
Der Bundestag macht blau
Da fließt der Sekt ganz ohne Geld
In einem schwarz-rot-goldnen Zelt
Da dreht die Tagesschau.

Ist Feiertag, ist Feiertag
Die Frau vom Sekretär
Ist neuerdings ein junger Mann
Der es auch gut mit Frauen kann
Er plaudert frisch daher.

Ist Feiertag, ist Feiertag
Auch Boris feiert sich
Wie Gottschalk, Katarina Witt
und manch bekannter Parasit
Nicht nur gelegentlich.

Ist Feiertag, ist Feiertag
Der Staat er feiert sich
Er setzt die Mehrwertsteuer rauf
Benzin und Miete – immer drauf
Wer denkt da noch an mich?

An die ferne Geliebte

Du bist so weit von mir Feinslieb,
Du bist so weit von mir.
Packt mich die Hitze bei der Nacht,
Da wärst du besser hier.
Die Ansichtskarte liegt vor mir,
Dein Gruß hat mich erfreut.
Du weilst im Süden, sonngebräunt,
In Hämmern-Mengesgereuth.
Thüringer Wald, du bist so schön,
Dort wuchs mein Liebchen auf.
Mit Klößen und mit Herbert Roth
Begann ihr Lebenslauf.
Mit 15 hat sie schon zur Frau
Ihr Onkel Horst gemacht,
Im Walde spart man sich nicht auf
Für eine Hochzeitsnacht.
Mit 20 hatte sie ein Kind
Und einen Ehemann,
Der machte es ihr oft und schlecht,
Das war die Ehe dann.
Ging ich nach Hämmern, wär das gut
Auch für mein Gleichgewicht,
Doch frag ich mich: Was soll ich dort?
Ich kann die Sprache nicht.

Deine Hände

Mein Gott, mein Gott, was habe ich
An diesem Mann gefressen,
Letzten Sonntag ging er fort,
Kurz nach dem Abendessen.

Das ist jetzt sieben Wochen her,
Dass grußlos er gegangen.
Und grade sonntags hatte er
Sein männliches Verlangen.

Dass stillte er, indem er zart
Unter die Röcke fasste.
Er plauderte charmant dabei
Und flutsch! Die Hand, sie passte.

Die Hände war'n sein Kapital,
Nicht Steine und nicht Eisen.
Nein, kleine Löcher liebte er
Da konnt' er sich beweisen.

Was hat der Mann für mich geklaut,
Die allerschönsten Dinge,
Strapse für die „Haute-Couture",
Und teure gold'ne Ringe.

Ein Cape aus echtem Ozelot,
Ein Halsband aus Brillanten,
Ein handgefertigtes Condom,
Besetzt mit Diamanten.

Neun Jahre saß er insgesamt,
Unschuldig davon sieben.
Jetzt ist er fort mit seiner Hand
Und nichts ist mir geblieben.

Wo du auch bist, so melde dich
Und sende eine Spende.
Doch hast du nichts, erschieße dich
Und schick mir deine Hände.

Der Nacktarsch

Der Nacktarsch mufft im Winterwald,
Ihm ist es irgendwo zu kalt.
Er protzt mit seinem nackten Charme
Und leuchtet sich von innen warm.

Der *podex nudum* köchelt leis.
Er hat im untern Teil Verschleiß,
Das Deckhaar hängt ihm schlaff herab,
Und seine Schleifspur wird bald knapp.

Ein Wildschwein pfeift im Unterholz.
Der Auerhahn, der Hagestolz,
Reckt seinen Schwanz steil in die Höh,
Dass auch das Auerhuhn ihn seh.

So recken sich im Wald die Schwänze
Der Tiere hoch in voller Gänze.
Der Hirsch, das Rums, der Schilfrohrauer,
Der Höhlen-, Nest- und Beckenbauer,

Sie alle jauchzen in der Nacht,
Die Brunft hat sie so froh gemacht.
Selbst Paul, der Bär, steißt in die Luft,
Weil ihn ein Ratzebor gepufft.

Da packt den Nacktarsch gelber Neid.
Er macht die weißen Backen breit
Und sprüht, wobei er rückwärts läuft,
Die ganze Lichtung voller Euft.

Die Tiere fangen an zu schrein:
Mein Gott, das stinkt ja menschsgemein,
So brunst auf Erden kein Geschöpf,
Nicht Hildebrandt noch Schröder-Köpf.

Jetzt wird die Luft im Walde knapp.
Der Nacktarsch wischt die Backen ab.
Er nimmt dem Elch zu diesem Zweck
Flugs die „Berliner Zeitung" weg.

Der Hutzplotz rülpst, fragt aufgeregt:
Wer hat in Pankow nicht gefegt?
Als sich aus Schlamm Nawrocki pellt,
Da ist das Publikum verprellt.

Der angezeckte Pimpernell
Hüpft in den Teich und pimpert schnell.
Zum Kalb spricht die Angorakuh:
Schlaf schön! Mach deine Äuglein zu!

Bald ist's im Walde wieder still,
Es singt nur noch der Krokogrill.
Der Glöckner steigt von Notre Damen
Und bimmelt „Halleluja! Amen!"

Freunde

Ach, war das früher einfach zu erkennen:
Das ist der Gegner oder auch der Feind.
Er war bewaffnet, drohend, mörderisch zu nennen,
Und sein Begehren war stets bös gemeint.

Doch heute gilt, der Feind hat sich gewandelt,
Er kommt jetzt als dein guter Freund daher,
Als Parvenü, der mit dir laufend unterhandelt,
Er klebt an dir in ständiger Wiederkehr.

Er nennt sich Staat, Versicherung und Steuern,
Dein Freund heißt Polizei und Altersheim,
Und er kann wunderbarerweise sich erneuern,
So mancher Bürger geht ihm auf den Leim.

Heut heißt er SPD und morgen Grüne,
Dann wieder CDU und Müllabfuhr,
Bestattungswesen, Kirche und Gewerkschaftsbühne.
Madame Schimpanski mimt die Pompadour.

Und wo du hinschaust Freunde, Freunde alle,
Sie alle küssen und umarmen dich.
Und fassen in die Tasche dir in jedem Falle,
Auch die Gemeinde ist nicht zimperlich.

Man liebt dich, wie der Bauer seine Kühe,
Und fasst ans Euter dich und melkt dich flott.
Wer widerstandslos seine Freunde melken kann.
Der fühlt sich heute wie der liebe Gott.

Fernsehsender

Wir sind kein ordinärer Fernsehsender,
Wir sind bei Tag und Nacht ein Wahnsinns-
 Freudenspender.
Wieso sind wir mit Sport I so beliebt?
Weil es bei uns 60 Programme gibt.
Für unsere Nationalelf fließt das Bier,
Das gibt es nur bei Bitburg, also hier.
Das muss der Fußballfan gefälligst kaufen,
Weil wir es brauen, muss er es auch saufen.
Ein Bit – hurra! Ein Hoch dem Alkohol!
Zwei Bit – hurra! Herrn Zwanziger zum Wohl.
Dazwischen aber einen dicken Köder:
Eiskalt und vier Prozent ist Hasseröder.
Dann gibt's die noch, die Krombach trinken
Und mit ihren vollen Gläsern winken.
Der Fußballdurst bleibt ewig ungestillt,
Und jeder Trinker sucht sein Ebenbild.
An Ende kommt dann Bet at home.
Weil: Den Feinstaubfilter gibt's im Fußball kaum.

Krieg

Als der letzte Krieg zu Ende
Haben wir den Schwur getan
Jetzt kommt Deutschlands große Wende:
Nie mehr Krieg! klang es spontan.

Keine Feinde! Keine Siege!
Keine Schlacht im fremden Land!
Keine Bomben! Keine Toten!
Und kein Heldentum am Band.

Doch im Bundestag die Alten
Mit dem Geld und mit der Macht
Die das Vaterland verwalten
Riefen wieder auf zur Schlacht.

Denn die bösen Taliban
Griffen unser Deutschland an.
Und da ging ein Schrei durchs Land.
Was dann folgte, ist bekannt.

Jahrelang flog man die Toten
Von Kabul zurück ins Reich.
Dort zelebriert das Deutsche Fernsehn
Nun ihren letzten Zapfenstreich.

Frauen leben ohne Gatten,
Kinder bleiben vaterlos.
Kriege kann man nicht erklären,
Kriege machen fassungslos.

Charascho

Ach, wie war es doch vordem
In der DDR bequem.
Fehlte auch das Weltniveau,
War es dennoch charascho.

Charascho der Minibit.
Charascho der Westkredit.
Erich, der Methusalem,
Mielke schon 'nen Deut plemplem.

Überall fortissimo,
DDR war charascho.

Heut wird wieder deutsch gesprochen,
Denn die Russen sind ja fort –
Für das blöde charascho
Gibt es jetzt ein deutsches Wort:

SUPER ist jetzt unser Leben.
Super – wohin man auch schaut,
Und haust du einmal daneben,
Hast du Super-Mist gebaut.

Super-Boris, Super-Berti,
Super-Steffi, Super-Mix,
Super-Kohl und Super-Herti,
Super-Gysi, Super-Tricks.

Und der kleinste, dümmste Puper
Und der längste Schlabber-Star

Schrein im Fernsehn: „Super! Super!",
Weil es einfach super war.

Keiner will sich da verweigern.
Super klingt schon oft wie „Heil!"
Super lässt sich gar noch steigern,
Und das heißt dann supergeil.

Das ist Deutschlands elfte Muse.
Wer schaut ihr nicht gerne zu?
Supergeil Beate Uhse.
Doch das bleibt ganz entre nous.

Wirklich super läuft die Chose,
Die sich langsam schon entpuppt.
Und geht mal etwas in die Hose,
Hat es super noch gesuppt.

Auch die Wahl war super wieder.
Die Genossen straffen froh
Ihre oft geschmähten Glieder,
Und sie rufen: „Charascho!"

Ich bleib wachsam. Thierse pennt.
Auch gut. Super. Happy End.

POESIE

Berge können brechen
Felsen untergehn
Aber dich vergessen
Das kann nicht geschehn.
(R. Meier, Leipzig-Gohlis, 1932)

Schalke kann verlieren
Einheit Pankow auch
Doch deine Liebe hängt bei mir
immerzu im Rauch.
(E.K., Berlin, 2011)

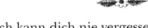

Ich kann dich nie vergessen
Das wär doch lächerlich
Ich lieh dir einen Hunderter
das bindet dich an mich.
(E.K.)

Willst gelangen du zum Ziele
Wohlverdienten Preis gewinnen
Muss der Schweiß herunterrinnen
Von der Decke bis zur Diele.
(Friederike Kempner, Schlesien, 1836–1904)

Der liebe Gott hat Großes vor

Der liebe Gott hat Großes vor.
Er will die Menschen lehren.
Es ist ja schließlich sein Ressort.
Wer will ihm das verwehren.

Da fängt er bei den Deutschen an,
beim Bundespräsidenten,
der alles weiß und wenig kann,
wie üblich bei Regenten.

Gottvater wendet sich, o Graus,
an Guido Westerwelle.
Der bläst nur „Steuersenkung" raus,
und das nur auf die Schnelle.

Gott geht zu Herrn von Guttenberg,
dem Lenker aller Schlachten.
Er stößt auf den Afghanenzwerg
und will nicht übernachten.

Er steigt auf seinen Himmelsthron,
zurück bleibt das Verderben.
„Ein Mensch lernt wirklich nichts dazu.
Ich lass ihn dämlich sterben."

Ehrung des Künstlers

Der Künstler ist schon alt und krank
Da sollte man ihn ehren
Man holt den Orden aus dem Schrank
Und putzt ihn nochmal richtig blank
Weil viele ihn begehren.

Der Künstler dankt dem Hohen Haus
Mit einem kleinen Scherz
Der neue Anzug sieht gut aus
Ein Tüchlein schaut aus ihm heraus
Sein Blick schwebt kamerawärts.

Und er wünscht auf allen Wegen
Im Beruf und auch privat
Als Begleitung Gottes Segen
Und den Neid auch der Kollegen
Weil er nun den Orden hat.

Der Tagedieb

Ich möcht' nur ganz wenig tun,
Viel schlafen und gut essen,
Ohne Geld durch Deutschland fahren,
Fremdes Land durchmessen.

Sehr viel Urlaub müsst' ich haben
Und einen schönen Wagen,
Ein hübsches Häuschen noch am Meer
Würde mir behagen.

Das Arbeitsamt, das lacht mich aus,
Genauso die Betriebe.
Mein Gott, wer schreibt schon Stellen aus
Nur für Tagediebe?

Heureka! Ja, die Politik
Sucht diesen Menschenschlag,
Der lümmelt sich auf Bänken rum
Im Deutschen Bundestag.

Da muss ich hin, das ist mein Ort,
Diäten riech ich gleich.
Bekäm ich doch, was ich gewünscht,
Alles auf einen Streich.

Und scheid ich aus, bekomme ich
Noch eine schöne Rente
Und eine Abfindung dazu,
O dolce far niente!

Heiligabend

Am Heiligabend, ei der Daus,
Wenn weiße Flocken schweben,
Schaut Vater Scholz zum Fenster raus,
Ganz still und gottergeben.

Und wie in jeder Weihnachtsnacht,
Wenn er allein im Zimmer,
Setzt sich ein Engel auf sein Knie
Und sagt: „Mein schöner Schlimmer."

Dem Scholzen wird es feucht und warm,
Ihm zittern alle Glieder.
Die Träne quillt, dass Gott gebarm,
Was stürzt da auf ihn nieder?

Der Engel küsst ihn auf den Mund,
Herr Scholz denkt ganz benommen:
„Ich glaub, ich laufe nicht mehr rund,
Wie ist der reingekommen?"

Die Tür geht auf, Frau Scholz tritt ein
Und knurrt kurz angebunden:
„Kein Schnaps im Haus, kein Sekt, kein Wein!"
Der Engel ist verschwunden.

Der Elefant

Der Elefant hat von Natur
Her einen großen Rüssel.
Er schützt das Tier vor Menchenhand:
Er passt in keine Schüssel.

Der Elefant hat von Natur
Zwei furchtbar große Ohren.
Damit kann er bei Bedarf
Erdöl aus dem Boden bohren.

Frau Elefant betreut den Kleinen,
Daher hat sie die größten Rechte.
Kommt ihr ein Bulle allzu nah,
Tritt sie ihm blitzschnell ins Gemächte.

Kommuniqué des Löwen

Der König der Tiere gab bekannt:
Alle Tiere vom Pferd bis Luchs,
vom Bär bis zum Fuchs,
alles, was kreucht und fleucht im Land,
wird nächsten Monat um halb drei,
einfach als konvertiert bekannt.

„Der Löwe ist ein Christ geworden",
lachte schallend das Krokodil,
und das lachte nicht sonderlich viel,
denn es war zugereist von Norden.
„Und nächsten Monat um halb drei
werde ich den Papst ermorden."

Der Fuchs war schrecklich mitgenommen.
Wo steht denn in den Zehn Geboten,
nach tausend Millionen Toten,
das Tier gehört auch zu den Frommen.
Und nächsten Monat um halb drei
darf es auch in die Kirche kommen.

Selbst wenn ein König es befehle,
wir wollen nicht wie Menschen sein,
wir brauchen weder Schloss noch Wein,
drum singt das Tier aus voller Kehle:
„Auch nächsten Monat um halb drei
sind wir noch ohne Seele."

Zölibat

Der Friederich, der Friederich –
das war ein arger Wüterich,
wo er nur eine Dame sah,
war er schon mit den Händen da.

Er fasste unter jeden Rock,
ein unvorstellbar geiler Bock.
Selbst seiner Schwester Rosalind
macht er Weihnachten ein Kind.

Dann greift ihn sich die Nemesis
und schenkt ihm eine Syphilis.
Da wird der Friederich ganz fromm,
auf dass er in den Himmel komm.

Nein! Er will hinfort keine Fraun,
die ihm den Weg zu Gott verbaun.
Männer! Einen guten Rat:
Heute noch ins Zölibat.

Maienmorgen

Wie schön ist so ein Maienmorgen.
Der Himmel ist wie Zwill gedrellt.
Im Garten blühn die Polleranzen.
Am Teiche dödeln Eromanzen.
Die Glieder sind schon aufgestellt.

Der alte Pan spielt seine Flöte,
Die purpurn aus der Hocke laucht.
Es tropft der Frühtau aus Kornhüllen
Und füllt die Tröge mit Chlorphüllen,
Damit die Melkhand nicht so raucht.

Zwei Englein schweben auf den Wolken:
Müllers Uschi und Paul Brabant,
Sie rühren keine Dardanelle,
Bewegen sich nicht von der Stelle,
Weil sonst der Schlüpfergummi spannt.

Der Mai, der Mai, er ist gekommen,
Und schmeißt den Samen in das Rund.
Die Mägdlein kneiseln vor Entzücken,
Sie bieten Mörzel an beim Bücken,
Und selbst die Mafia hat Schwund.

Urlaub

Im Urlaub ist es mir am schönsten,
Wenn ich nicht so viel laufen muss.
Die Berge rauf, die Berge runter
Verschafft mir schrecklichen Verdruss.

Natürlich muss die Pumpe flattern
Einmal am Tag. Und auch der Schweiß
Soll mir von beiden Schenkeln rinnen
Einmal am Tage, scharf und heiß.

Dafür brauch ich den Kahlen Asten
Und auch im Harz den Brocken nicht,
Denn Berge haben keinen Busen
Und keinen Po und kein Gesicht.

Und fragst du mich, wen ich besteige,
Es ist der Wirtin Töchterlein.
Das treibt das Blut mir in die Wangen
Und pulst mir kräftig durchs Gebein.

Wie mancher Mann fährt bis nach Thailand
Und wird in Bangkok prompt entschlackt,
Zum Abschied schenkt ihm seine Dame,
Was ihn für Jahre zwickt und zwackt.

Da lob ich mir mein rheinisch Mädchen,
aus weißem Linnen frisch gepellt.
Wir treibens zwischen Köln und Bingen
Und sparen eine Menge Geld.

Alles wird Gutt!

Das letzte Jahr war wunderbar
Und überall auch wahrnehmbar.
Der deutsche Bürger ist hienieden
Mal wieder rundherum zufrieden.
Küsste Lenas Fahnenschwinger Raab
Und Red Bulls Vettel täglich ab.
Schweinsteiger heißt der neue Gott,
Ein Neuer wohnt im Kohlenpott.
Der Papst lebt meist im Vatikan
Und schaut sich fremde Länder an.
Und Bisky im Europarat
Wacht dort für Deutschland früh und spat.
In schweren Schlachten wenig Tote,
Dem Taliban, der dort einst wohnte,
Gelang kein Meter Landgewinn.
Der Guttenberg grinst vor sich hin.
Der Ackermann brüllt vor Vergnügen,
Er sieht Irland am Boden liegen.
Und Griechenland pumpt Deutschland an,
Dass man auf weitere hoffen kann.
Die Mieten steigen, Strom und Bahn,
Das facht die Millionäre an.
Die Arbeitslosenquote fällt,
Die Hartz IV kriegen noch mehr Geld.
Der Pauschbetrag wird zwar erhöht,
Die Rentensteuer auch – wie blöd.
Das Kranksein wird jetzt richtig teuer,
Das klärt die Merkel über Steuer.
Im neuen Jahr, fällt mir noch ein,
Wird wieder viel zu lachen sein.

Koslowski rät

Wenn man auf dich schießt,
Sofort hinlegen!
Und zwar deswegen:
Die Zielfläche wird kleiner
Und viel allgemeiner,
Als wenn du fliehst.

Trifft man dich trotzdem,
Zum Beispiel ins Herz,
Da zeig keinen Schmerz!
Schießt man dich noch ins Bein,
Das ist hundsgemein
Und unangenehm.

Doch das beste ist,
In der Wohnung bleiben
Und Briefe schreiben.
Wenn es läutet, lachen
Und nicht aufmachen.
Das nennt man dann List.

Wenn gar nichts passiert,
So bleibt man eben
Länger am Leben.
Da kann man sich freuen,
Muss nichts bereuen,
Ist aber angeschmiert.

Rosen, Tulpen, Nelken
Alle Blumen welken
Nur die eine Blume nicht
Das ist das Vergissmeinnicht.

Rosen, Tulpen, Nelken
Alle Blumen welken
Die aus Sebnitz aber blühn
Ewig weiter, stolz und kühn.

Du sollst Vater und Mutter ehren –
aber wenn sie dich schlagen
darfst du dich wehren.

Ich wollte dir zur Kommunion ein Pferdchen schenken
Aber gute Pferde kosten so verdammt viel Geld
Da musste ich an dein liebes Fahrrad denken
So hab ich dir bei Netto einen Sattel bestellt.
(der ist dann von mir und Tante Else)

Die Katze

Ich kenne eine Katze
Die ist zwei Jahre alt
Sie heißt Minouche
Sie hat ein schwarzes Fell
Mit rosa-roten Pfoten
Im Winter die Tiefe zu loten.

Sie hat eine weiße Nase
Und heißt in ganz Markkleeberg
Nur Minouche nationale.

Sie hat eines Nachts
In Connewitz erschreckt
Einem Passanten die Zunge rausgestreckt.

Leo Spiegel brachte sie mit
Von einem Gastspiel auf den Lofoten
Oder einem Atom-U-Boot
Der tibetanischen Höhlen-Marine.

Egal, Frau Spiegel wollte dem Tier
Natürlich nicht hier, sondern in Connewitz
Ein Denkmal spenden,
Ahnte aber bald, sie müsste
beim Leipziger Oberbürgermeister
einiges wenden.

Ostern I

Ostern! Rums! – Da knallt es rein,
Das Osterfest für Groß und Klein.
Wie die bunten Eier fliegen!
Wer die meisten fängt,
Wird siegen.
Kann ein ganzes Dutzend sein.

Hasen trinken gerne Wein,
Aber er muss trocken sein.
Hauen sich die Birne voll,
Malen Tag und Nacht wie toll.
Weizenkorn ist für die Hennen,
Dass sie legen und nicht pennen.

Schulkinder einst dachten in Sachsen,
Dass Eier auf den Bäumen wachsen.
Dann gab's ein Plenum der Partei,
Da war der Irrtum bald vorbei.
Erich rief in Moskau an,
Da klärte das der Eiermann.

Und die Post schickt auf die Schnelle
Eier an Herrn Westerwelle,
Frische kleine, faule große
Alte Lügen – Quatsch mit Soße!
Und die lässt er mit Vergnügen
Teilweise bei Merkels liegen.

Ostern – wie die Bomben fliegen,
Wo die NATO-Truppen siegen.
Bei Gaddafi wird getrommelt,
Wo die Deutschen einst gerommelt.
Wir halten uns jetzt noch zurück.
Frau Merkel macht das letzte Stück.

Und sie stößt ins Osterhorn:
Deutsche Eier liegen vorn!
Deutsche Christen, fest im Glauben,
Hämmern, schweißen, sägen, schrauben.
Atomstopp und Kopfbahnhof
findet man bei Merkels doof.

Österlich auf den Tribünen
Winken Eier von den Grünen
Und Sozialdemokraten,
Riechen doch schon längst den Braten.
Ach, ihr Schleimer! Ach, ihr Schreier!
Nächstes Jahr gibt's neue Eier.

Kinderlied

Wir bauten eine Mauer – Hurra! Hurra! Hurra!
Als wir damit begannen – Da war noch keine da.
Uns halfen die Soldaten – Und auch die Polizei
Selbst Halberstädter Würstchen
Verteilte die Partei.

Die Mauer wurde sicher
Wie in Dornröschens Burg
Viele wollten flitzen – Kam aber keiner durch.
Nur zwei, drei kleine Löcher
Für Künstler blieben auf
Die schlichen dann von Ost nach West
Zum Sommerschlussverkauf.

Die Zahl der Burgbewohner
Der Neider wurden mehr
Das waren nicht nur Tausend
Das war ein ganzes Heer.
Da machten wir die Mauer auf
Und alle hüpften los – In die Bananenrepublik
Der Spaß war riesengroß.

Jedoch nach 20 Jahren – Da ist der Spaß vorbei
Geblieben von „Wir sind ein Volk"
Ist nur noch Gaunerei.
Selbst Antons Vater schimpfte
Täglich ist er sauer
Er sammelt wieder Steine
Für eine neue Mauer.

Der Pfingstochse

Die Menge strömt ins Gotteshaus
Und überall weht Heiliger Geist
Die Orgel bläst ein Ave aus
Dass fröhlich man den Herrn lobpreist.

Der Pfarrer tritt an den Altar
Und holt das alte Witzbuch vor
Man kennt den Witz vom letzten Jahr
Doch die Gemeinde ist ganz Ohr.

Zum Anger eilt darauf der Christ
Dort wird der Pfingstochse geschmückt
Mit Blumen, wie es üblich ist
Der Ochse wirkt nicht sehr entzückt.

Die Männer, die sich langsam nahn
Sie tragen statt der Blumen Orden
Vom Kriege und der Deutschen Bahn
Die sie dereinst im Kampf erworben.

Der Ochse wird sogar geweiht
Er brummt und scharrt auch im Sande
Er zählt damit zur Christenheit
In Unserem frommen Lande.

Und in der zweiten Reihe steht
Der Metzger von Sankt Annen
Er raucht, taxiert das Tier und geht
Fast unbemerkt von dannen.

Berufswahl

Nein, Junge, das ist nichts für dich,
Du hast zwei linke Hände.
Schlosser werden kannst du nicht,
Das wär für dich das Ende.
Nein, Junge, Lehrer wirst du nicht.
Die Kinder lauern schon.
Sie machen jeden Menschen platt
in dieser Profession.
Nein, Junge, du wirst kein Pilot,
Weil der vom Himmel fällt.
Da liegt er unten und ist tot,
Was nützt ihm da sein Geld?
Nein, Junge, Pfarrer wirst du nicht,
Dazu fehlt dir die Schläue.
Auch Offizier ist nichts für dich.
Da braucht es Männertreue.
Ich steck dich in die Politik,
Das stimmt dich sicher froh.
Da kannst du reden, was du willst,
Heut so und morgen so.
Du hast allmonatlich dein Geld
Und eine Pension,
Du wechselst auch mal die Partei,
Siehst du, jetzt lachst du schon.
Du fährst im Auto, Sprit umsonst,
Es grüßt die Polizei.
Einst warst du Volk, jetzt bist du Macht.
Einwandfrei.

Engel

Engel sind geschlechtslos.
Wenn sie Geschlechtsteile hätten,
lägen sie in ihren Betten,
zögen kleine Engel groß.

Engel haben Flügel,
mit denen sie tagsüber fliegen.
Abends, wenn die Egel liegen,
kommen sie auf den Bügel –
die Flügel.

Engel gibt's zwei Sorten,
Schutzengel und Weihnachtsengel.
Letztere haben manchmal Mängel
bei Woolworth oder Horten.

Engel sind die Armee
Gottes. Ungefähr achtzigtausend,
über den Sündern sausend,
in Kirche und Moschee.

Engel brauchen kein Brot
und keine Maschinenpistolen,
sind weder Türken noch Polen
und gehen niemals nicht tot.

Engel sind ganz wichtig
und wunder-, wunder-, wunderschön.
Ich habe schon mal einen gesehn,
nachts. – Naja, auch nicht so richtig.

Advent I

Advent, Advent – ein Lichtlein brennt
Kollege Klein hat's angemacht
Und mit dem Lichtlein schleicht er sacht
zur LPG, zum Lagerhaus
Dort holt er noch ein Lichtlein raus.
Ganz vorne glitzert weiß der Schnee
Und hinten brennt die LPG.
Am Morgen kommt der ABV
Er untersucht den Brand genau
Und mittags kommt er zu dem Schluss
dass dieser Brand gelegt sein muss.
Das war bestimmt Klein, der Agent
Weil der die LPG gut kennt.
Doch diesmal hat er sich geirrt
Der ABV den Fall entwirrt:
Denn die goldnen Zuckerrüben
Sind draußen auf dem Feld geblieben
Erfroren zwar – doch nicht verbrannt
Gibt stolz die LPG bekannt.
Der Klein floh schnell nach Bielefeld
Und wurde also nie gestellt
Die LPG bekam `nen Orden
Kreissieger wäre sie geworden
In schweren Klassenkampfmomenten
Bei der Bekämpfung von Agenten.

Der Nikolaus I

Der Nikolaus, der Nikolaus
Der hat die dicksten Nüsse
Die lässt er aus dem Sack nicht raus
Als ob er sparen müsse.

Nein, sparen muss der Niko nicht
Im Himmel spart kein Engel
Denn dort regiert kein Bösewicht
Über tausend Mängel.

Der Staat spart alles kurz und klein
Der Nikolaus denkt bloß
Ich kehr ja nicht bei Leuten ein
Wie Merkels oder Glos.

Die Mädchen in der ganzen Stadt
Sie drücken an der Scheibe
Sich ihre hübschen Näschen platt
Und hoffen, dass er bleibe.

Er tritt auch vorne mal herein
In eine Jungfernkammer
Und tritt er hinten wieder raus
Bleibt nur der große Jammer.

Er pfeift sich leis ein frommes Lied
„Von drauß, vom Walde komm ich her",
Das Mädel weint, der Sack entflieht
Und die Nüsse drücken schwer.

Sie drücken auch auf das Gemüt
Doch nicht auf die da oben
Sie haben sich – weil abgebrüht –
Genügend zugeschoben.

Kaiser Wilhelm

Als der Kaiser Wilhelm den Krieg begonnen,
Hatte er ihn schon so gut wie gewonnen.
Seine Panzer und seine Kanonen
Brauchten vielleicht noch drei, vier Aktionen.

Dann aber wurden es drei, vier, fünf Jahre.
Der Kaiser verlor nicht nur Heere, sondern auch
    Haare.
Er ging mit der Säge nach Holland ins Holz
Und begrub seinen wilhelminischen Stolz.

Er war von den Deutschen völlig entsetzt.
Für die hatte er mal sein Schwert gewetzt?
Er wollte für diese Banausen am Rhein
Nie wieder Kaiser von Deutschland sein.

Mir wars schon oft im Leben
Vor Sorgen bunt und kraus
Ich sprach: „Was soll das geben,
Wer hilft mir da heraus?
Wer bringt mein Schiffchen weiter,
Wer macht es wieder flott?"
Auch einmal sprach ich heiter:
„Das macht der liebe Gott!"
(Autor?, 1882-1905)

Wenn Ochsen lernen Flöten blasen
Wenn Schnecken laufen wie die Hasen
Wenn alles Wasser wird zu Wein
Dann hör ich auf, dein Freund zu sein.
(Victor Priszibilla, 1924, Königsberg)

Du, Friederich, ich muss mal
Ich gehe hintern Strauch
Da kannst Du zwar nichts sehen
doch hören kannst du's auch.
(E.K.)

Mög auf allen deinen Wegen
Goldne Freude für dich blüh'n
Überall nur Gottes Segen
Deinem redlichen Bemühn.

Krise

Die nächste Krise steht schon vor der Tür
Das Land ist unruhig, viele sind erbost
Der Bürger fühlt die Faust, die ihn regiert
Da steht er sogar auf, da sucht er Trost
„den andern geht es ja noch viel, viel schlechter
Und möchtest Du vielleicht in Polen leben
In der Türkei oder in Griechenland
Dort, wo so oft die Städte beben
Wo sie kein Auto haben
Und wo sie klauen wie die Raben
Ja, auch in Afrika ist Krise
Dort schlafen sie bereits auf jeder Wiese
In Asien auf ihren vielen Inseln
Da haben sie schon allen Grund zum Winseln
Uns braucht Europa jeden Tag
Ein Ochse, der das nicht verstehen mag
Da möchte ich doch auf der Stelle wetten
Wenn wir die CDU nicht hätten
Mit unsrer starken Kanzlerin
Da wär für Deutschland überhaupt nichts drin
Und ganz Europa wär ein wüster Haufen
Den konnten wir gerade noch
Preiswert ans Emirat verkaufen
Deutschland ist ein total verrückter Laden
Auch der Herr Ackermann geht manchmal baden
Um unser Vaterland macht er sich keine Sorgen
Frau Merkel könnte sich zur Not bei ihm was borgen

Fußball I

Dieser Samstag war ein Grauen
Schweigt ihr Männer, schweigt ihr Frauen
Weint die Tränen, senkt die Fahnen
Springt in überfüllte Bahnen
Reckt die Faust gegen die Feinde
Diese schwarz-gelbe Gemeinde
Ach, wie waren wir verschworen
Trotzdem haben wir verloren
Weil der Schiedsrichter das Schwein
Schenkt uns zwei Elfmeter ein.
Gib uns nochmal sieben Bier
Natürlich trinken wir die hier.
Aber eins, aber eins, das bleibt bestehn
Bitburger Bier wird niemals untergehn.

Als ich klein war

Als ich klein war,
Dachte ich:
Alle Menschen sind gut.
Als ich groß war,
Dachte ich:
Nur meine Eltern sind gut.
Als ich alt war,
Dachte ich:
Nur ich sei gut.
Ein Leben lang
im Irrtum befangen.

Klein-Anton

Ach, das muss ich euch berichten,
Eh euch andre unterrichten.
Papa hat 'ne neue Frau,
Die ist blond und nicht so grau
Wie Mama und auch nicht so alt,
Doch verliebt. So ist es halt.
Morgen gehen sie zum Gericht
Mama sagt: Der kriegt dich nicht.

Fußball II

Auf jeden Fall war er im Tor
Das kommt im Fußball laufend vor
Was heißt hier aus den Fingern saugen
Du hast Tomaten auf den Augen
Gerade du, du Türkenpfeife
Mit deinem Muselmann-Gekeife
Der Tormann hält wie bei den Knaben
Geht er raus, muss er ihn haben
So'n Keeper ist doch keine Stütze
Den halte ich noch mit der Mütze
Ja, vor dem Schuss, das war ein Foul
Er haut ihm mit der Hand aufs Maul
Und lässt sich klugerweise fallen
Ich möchte ihm jetzt noch eine knallen
Elfmeter! Elfmeter! Da kommt er! Da geht er!
Unser Schimmelpfennigs Peter
Elfmeter! Da kennt er keine Verwandten
Keine Onkel und keine Tanten
Unter die Latte wichst er ihn rein
Der längste Keeper ist da noch zu klein
Vor 50 Jahren hab ich ihn versenkt
Und die Punkte in „Gudruns Bar" ertränkt.

Die Jungfernrede des Abgeordneten W.

Am Anfang war das Wort,
Doch leider war es fort.
Ich stotterte schon vor mich hin,
Das Wort kam nicht in meinen Sinn.
Ich hustete ein wenig.
Es machte nicht versöhnlich.

Was hat Külow mir geraten
Bei solchen blöden Referaten?
Mich nicht lange rumzuzieren,
Einfach Ringelnatz zitieren.
Also:
    „Ein männlicher Briefmark erlebte
    Was Schönes, ehe er klebte.
    Er war von einer Prinzessin beleckt,
    Da war die Liebe in ihm erweckt."
Eine Frau im CDU-Block hat gelacht,
Da hab ich nicht mehr weitergemacht.

Bei der CDU gibt es nicht nur Idioten.
Für die Linken stimmen auch nicht bloß die Roten.
Jedenfalls gab es jetzt den großen Applaus.
Voller Stolz verließ ich das HOHE HAUS.
Meine Frau hatte alles im Fernsehn gesehn.
„Schatz", fragte ich, „war meine Rede nicht schön?"
Als sie abwinkte und sich nur stumm zu mir setzte,
Da wusst ich: Das war meine erste und letzte.

Christa

Ich möchte gern mal was Verrücktes machen
Mit Christa, etwas, was man sonst nicht tut.
Ganz tolle, irre, ausgefallne Sachen,
Die möchte ich des Nachts mit Christa machen.
Das tät mir gut.

Mit Eva und Carola ging es immer.
Auch mit Beate ging es wunderschön.
Es ging vielleicht mit jedem Frauenzimmer,
Nur Christa hat von so was keinen Schimmer.
Man kann es sehn.

Liane lachte laut und weinte leise,
Simone machte vorher Modenschau,
Nur Christa hat es nicht mal stellenweise,
Ist keine Hoffnung, dass sie mal entgleise,
Sie, meine Frau.

Der Nikolaus II

Der Nikolaus, der Nikolaus
Kommt dieses Jahr in jedes Haus
Mit ganz tollen Geschenken
Die knallt er in die Wohnung rein
Ihn stört nicht, wenn die Bürger schrein
Wer will's ihnen verdenken.

Die Grüße sind von Ackermann
Der wenig weiß und wenig kann
Er hat den schönsten Posten
Und von Herrn Mehdorn sind sie auch
Wie das bei unsrer Bahn so Brauch
Weil dort die Räder rosten.

Frau Miete grüßt, Herr Vattenfall
Die Techem grüßt all überall
Die kranken Landesbanken
Sie rufen nach dem Vater Staat
Weil der noch stets Reserven hat
Es gibt da keine Schranken.

Fünfhundert Milliarden sind
Das weiß doch heute jedes Kind
Erst recht auch jeder Bankier –
Für die Kanzlerin kein Geld
Das pinkelt sie, wenn's ihr gefällt
Doch einfach in den Schnee.

Ein deutscher Christ braucht etwas Geld
Die Summe zwölf Millionen fällt
Weil unser Leben so teuer
Der Nikolaus schleppt Geld heran
Und zwar soviel er kriegen kann
Den Rest frisst dann die Steuer.

Das ist der Nikolaus jetzt leid
Er pfeift auf seine Christenheit
Er schläft im Paradiese
Lässt uns zurück im Jammertal
Mit unserm steten Sündenfall
Und einer neuen Krise.

Monika und die Natur

Als Monika Gerd kennenlernte,
dachte sie: den nehm ich mir.
So groß und stark, so klug und schön
und überdies ein Kavalier.

Zwar raucht er viel, liebt Doppelkörner –
Nun, wer raucht nicht, wer trinkt nicht gern
ein Tröpfchen Bier nach einem Spiel.
Er geht zur Kirche, lobt den Herrn.

Nach sieben Wochen war sie schwanger,
Der Bräutigam verschwand sofort
Nach Stuttgart, wo die Gattin lebt.
Er hinterließ kein einzig Wort.

Heut ist das Kind schon 16 Jahr.
Ein Mädchen blond und wunderschön.
Was soll ich mir den Kopf zerbrechen?
Es wird ihm wie der Mutter gehen.

Denn die Natur gibt keine Ruhe,
Sie dreht den Menschen um und um.
Da wallt das Blut und die Hormone,
und die nur zuschaun, sind schön dumm.

Der Skorpion

Der Skorpion, der Skorpion
Der läuft ganz leis, macht keinen Ton
Und wer ihn sieht, geht auf Distanz:
Der Skorpion hat Gift im Schwanz.

Nur seine Frau, die Skorpia
ruft: „Das ist alles gar nicht wahr
Denn schließlich bin ich seine Frau
Und kenne meinen Mann genau."

Das ist nur femininer Neid
Weil Skorpione stets bereit
Ich möchte alle Weiber fragen
Könntet ihr unter Eid aussagen:

„Wann ich nur meinen Mann anseh
Er trägt ihn stets in Augenhöh
Wär das der Fall, es gäb ab morgen
In mancher Ehe wen'ger Sorgen."

Bayern

Ich mag die Bayern, ihre Seen und Berge,
wo es nirgends so viel Heimat gibt.
Die herrlichen großen, ledernen Gefäße,
worin das Herz klopft, nahe am Gesäße,
in die sich jede Jungfrau schnell verliebt.

Ich mag die Bayern, ihre Dialekte,
nur kann ich manchmal kaum ein Wort verstehn.
Der Urlaut wie ein Alpenfels gemäuert,
der Kehlkopf wie ein Weizenbier gesäuert,
jo mei, seit gestern ist mal wieder Föhn.

Ich mag die Bayern, ihre Frömmigkeit,
die sich bekreuzt bei Furz und Seelenpein.
Ihr Papst heißt Ratzinger, ist Bayernsohn,
seine Frau ist längst schon in Pension,
den Boss der Evangelen kennt kein Schwein.

Geld

Kommen sie näher! Kommen Sie ran!
Hier werden Sie beschissen wie nebenan
Sie lernen bei uns ganz unverstellt,
Was unsere Welt zusammenhält:
Geld! Geld!
  Und nochmals Geld!

In einem bodenlosen Pott
Bewahrt es unser deutscher Gott.
Da hängt Frau Merkel unten dran.
Als Beispiel nun ein Melodram,
Das zwar real, trotzdem infam.

Die Griechen leben ohne Pott,
Und trotzdem sind sie schwer bankrott.
Sie leihen sich in Deutschland Geld,
Was Frau Merkel gut gefällt,
Weil der Papandreou nun
Kann etwas Wunderbares tun.

In USA U-Boote kaufen,
Und zwar einen ganzen Haufen.
Das Geld fließt übern Teich zurück
In eine deutsche Stahlfabrik.

Schon wieder lacht der Ackermann
Weil der Gewinne riechen kann.
„Na, Emma, was soll man da machen?"
„Richtig fröhlich sein und lachen!"

Schirmkredit nicht reisen lassen,
Frau Merkel hat im Haus die Kassen.
Kredit bewilligt, eingesackt
Und für Herrn Ackermann verpackt.
Alles andre, sag es, Vater!
Alles andre ist Theater!

Wo ist Europa?

Europa liegt, das ist nicht schwer,
Europa liegt am Mittelmeer.
Nur dass Türken und Hellenen
Sich als Zyprioten wähnen.
Nehmen wir einmal die Griechen,
Die am Mittelmeer rumkriechen,
Und die Türken, die Schlawiner,
Sind natürlich auch Berliner.
Wenn man solche Gegner hat,
Findet Freundschaft kaum noch statt.

Es rußt bei Krupp der Eisenhammer
Es rußt der Schornstein immerzu
Es rußt die Lampe in der Kammer
In meinem Herzen ruhst nur du!
Es lebt der Eisbär in Sibirien
Es lebt in Afrika das Gnu
Es lebt der Säufer in Delirien
In meinem Herzen lebst nur du!

Kriegst du Pickel oder Fieber
Ganz egal, da stehn wir drüber
Ob du arm bist oder reich bist
Denke dran, dass mir das gleich ist
Wirst du klüger, wirst du dümmer
Meine Freundin bleibst du ümmer.
(Sanitätsgefreiter W. Kratochwill, 1939)

Hule, Hule Gäns'chen
Schwein mit Ringelschwänzchen
Schweine in der Hochfinanz
Verzichten auf den Ringelschwanz.

Silvester

Heut wird wieder scharf geschossen,
Feuern wir ins Neue Jahr.
Hartz IV, Christen und Genossen,
Bunt wird es im Januar.

Doch das Jahr bringt neue Kriege,
Neue Krisen garantiert.
Neue Lügen, neue Siege,
Werden täglich uns serviert.

Und die Mieten gehen nach oben,
Auch der Strom und das Benzin.
Alles wird ein wenig teurer
Von Saarbrücken bis Berlin.

Und der Papst ist hier zu Hause,
Vietnam, Polen, die Türkei,
Rösler und der Herr Sarkozy
kochen mit am deutschen Brei.

Deutschland sind wir und Europa,
Euro heißt das feste Band,
Das uns täglich eng umschlingt,
Denn wir sind auch Griechenland.

Der Krieg geht weiter

In der schweren Kriegszeit braucht
Deutschland eine Lichtgestalt,
eine Guttenberg-Durchlaucht,
wenn es an den Fronten knallt.

Eine Frau, die jeden Angriff merkelt,
eine Göttin für die halbe Welt,
die an jeder Trauerrede werkelt
und die CDU zusammenhält.

Vorne flattert immer eine Fahne,
was sie und die Trompete uns verbarg.
Der Urenkel liegt wie sein Ahne
in einem deutschen Heldensarg.

Der Krieg wird weiter wohlgenährt,
mit Eisen, Tränen und mit Blut.
Das hat sich wunderbar bewährt
und tut den Kriegsgewinnlern gut.

Wir haben noch so viele Kathedralen
und noch so manchen Felddekan,
in Bayern, Sachsen und in Nordwestfalen,
der noch befördert werden kann.

Weihnachten

Weihnachten war wieder schmuck
Die Gans war braun, ein guter Schluck
Der Baum stand hoch, voll Glitzerglas
Es leuchtete ohn Unterlass

Doch erst das alte Krippenspiel
Gab unserm Fest den rechten Stil.
Jetzt schleicht sich dieser Einwand ein
Nicht wesentlich, doch auch nicht klein

Dennis bekam zum Weihnachtsfest
Unter mancherlei Protest
Und viel Familienhintergrund
Einen jungen Schäferhund

Der machte sich sofort entspannt
Mit den Krippenspiel bekannt
Das hatte Opa Kurz aus Lychen
Mit weißem Marzipan gestrichen

Die Kön'ge aus dem Morgenland
Leisteten kaum Widerstand
Dem Joseph fehlte bald ein Bein
Das Dromedar war winzig klein

Glich einem abgeleckten Schwein
Die Mama fasst den Hund am Bein
Da fing der Dennis an zu schrein
Der Hund saust durch die Erdbeertorte

Und sechs französische Importe ...
Er streift den Baum.
Der Weihnachtsbaum fällt in die Bowle
„Dass den Hund der Teufel hole!"

Am Morgen eine schwere Schneise
Ansonsten aber: alles leise
Nur der Hund in dieser stillen Welt
Hat den ganzen Tag gebellt!

Gott und Mensch

Der liebe Gott kann alles machen,
gute und auch schlimme Sachen.
Die guten werden ihm oft knapp,
er hängt ja auch vom Wetter ab.

Die Gottlosen sind die unglücklichsten
Menschen auf der Welt,
weil für ihre Niederlagen immer
der Klassenfeind herhalten muss.

Vor Gott hat es keinen einzigen Menschen
auf der Welt gegeben.
Und wenn doch, dann höchstens Pelé.

Der liebe Gott ist katholisch
und nicht evangelisch oder mongolisch,
auch sein Stellvertreter ist katholisch
und dessen Stellvertreter.
Auch Franz Müntefering ist katholisch.
Und andere.

Fasching

Der Fasching kommt von oben
Direkt zu uns auf Erden,
Dass wir in unserm Jammertal
Mal wieder fröhlich werden.

Gott muss beim Festzug lachen,
Wenn er die Typen sieht,
Die hier Regierung machen
Für eigenen Profit.

Drei tolle Tage wars still im Dom,
Dann sind sie wieder hier.
Zur Frühmesse riecht es nach Weihrauch
Und fürchterlich nach Bier.

Der Hund des Bäckers

Es gibt da eine Theorie, die heißt:
Hunde sind dümmer als Dachdecker,
Vor allem aber dümmer als Bäcker.
Nur weil er sich nicht zusammenreißt,
Der Hund. Und auf den Parkweg scheißt.

Natürlich läuft er nur auf vier Beinen
Und übt auf öffentlichen Straßen
Geschlechtsverkehr aus (doch in Maßen).
So mancher Bäcker, will mir scheinen,
Zeigt ihn nicht. Er hat gar keinen

Hund. Der fräß ihm ja die Schweinsohren weg
Und hätte was mit der Bäckerin.
Die hat doch nichts anderes im Sinn
Als Moselwein und geräucherten Speck
Aus Koblenz, nahe dem Deutschen Eck.

Das nähme mir mancher Professor krumm:
„Hunde sind nicht dümmer als Bäcker."
Geht morgens gegen drei der Wecker,
dreht sich der Hund noch einmal um
Und denkt: „Ach, ist der Bäcker dumm!"

Er gähnt und kriecht ins Bett zur Bäckerin.
Dieweil der Bäcker unten werkelt,
Wird oben etwas rumgeferkelt.
Der Hund weiß um des Lebens tiefern Sinn.
Da kommt der Bäcker niemals hin.

Abgebrannt

Der alte Baum ist abgebrannt
Er stand zu nahe an der Wand
Wo einst mal unser Erich hing
Bevor er abends Feuer fing.

Im Sauerland, in Schmallenberg
Da pflanzten sie den Tannenzwerg
Und später dann vor Langewiesen
Gedieh er unter lauten Riesen.

Den grünen Pastor muss man loben
Er stürmt als erster Mann nach oben
Im Arm das Feuerlöschgerät
Das leider in der Nacht nicht geht.

Er wirft mit christlichem Gefühl
Den Baum hinab ins Kirchgestühl
Der Tatverdacht fiel auf Karl Brinken
Einen ortsbekannten Linken.

Doch der besaß ein Alibi
Das gab im Pfarrersfrau Marie
Und Ali, der Albaner ist
Der guckt schon wie ein Terrorist.

Peinlich befragt man auch den Baum
Weil er beim Brand allein im Raum
Dem Pfarrer wird der Fall zu dumm
Denn auch der Weihnachtsbaum bleibt stumm.

Im Sonntagsblättchen endlich steht:
Der Täter sei vom Wind verweht
Vielleicht auch nur ein Unglücksfall
Übermorgen Basketball:

Kleiner weißer Hund entlaufen
Weihnachtsbäume zu verkaufen
Angesengte: findet statt
Gegen zehn Prozent Rabatt.

Perlen vor die Säue

Ein Redner trat ans Rednerpult
Und brüllte in die Massen:
»Die Roten sind an allem schuld!«
Der Saal nahm es gelassen.

Jetzt wird es leis am Rednerpult.
Man muß die Roten schonen:
»Die Grünen sind an allem schuld!«
Auch keine Reaktionen.

Ist denn das ganze Haus verrückt:
»Am schlimmsten sind die Braunen!«
Auch dieser Angriff ist missglückt,
Nicht mal ein leises Raunen.

Der Redner fragt, die Antwort kommt:
»Die Volkshochschule finden
Sie in diesem Saale prompt.
Ein Kurs der Farbenblinden.«

Frohsinn

Rumgetanzt und rumgesungen,
Rumgesoffen, rumgesprungen,
Rumgehurt und rumgelacht.
Ach, was hat das Spaß gemacht!
Rumgeprügelt, rumgeschrieen,
rumgefressen, rumgespieen.
So'n Geburtstag, ja, der macht sich.
Opa wurde fünfundachtzig!

Wenn alles wackelt, alles bricht
Wenn Waser in das Schifflein dringt
Wenn keiner flötet, keiner singt
dann sendet Gott sein himmlisch Licht
Und rettet euch mit seiner Hand
Und führt euch in sein großes Land.
(Euer Pfarrer Johann von Staps)

Das ist für Gott besonders schwer
Wenn Riesendampfer untergehn
Da müssen tausend Engel her
Die unserm Herrn zur Seite stehn
Dann flutscht es auch auf unserm Schiff
Und führt uns auf ein schönes Riff.

Liebe deinen Nächsten wie dich selbst
Selbst wenn er ein ganz großer Sünder ist
Weil dann im Himmel großer Jubel herrscht
Da man da droben mit ganz andrer Elle misst.

Künstler

Kunst heißt immer Eitelkeit,
Applaus und Ruhm und Geld,
Dazu ein Gran Durchtriebenheit,
Mit Heiterkeit verstellt.

Und viel geschönte Interviews.
Man liebt das Publikum,
Den Regisseur, den Genius,
Das Stück, das Medium.

Ein autobiographisch Werk
Ziert jedes Mimen Bord.
Ein Riese wächst aus einem Zwerg
Und pflanzt sich täglich fort.
Die Talkshow ist ein süßer Brei,
da frisst er sich hinein
Und singt, wenn er ein Sachsenprinz:
Wie schön, ein Schwein zu sein.

Denn oftmals fühlt er sich als Gott.
Das Volk naht sich ihm leis
Und beugt das Knie vor seinem Spott,
Vor Schminke und vor Schweiß.

Wer möchte da nicht Künstler sein
Und in der Höhe schweben.
Es ist so wunder-, wunderfein,
In Eitelkeit zu leben.

Deutscher Sang

Wie oft kommt das in Deutschland vor.
Sechs Männer treffen sich.
Sie sind sogleich ein Männerchor.
Wenn auch absonderlich.

Sie singen laut und wenig schön.
Der Ält'ste ist Tenor.
Der Jüngste Bass. Vier Mittelhöhn
Tun greulich sich hervor.

Die Frauen bilden einen Kreis
Und summen leise mit.
Die Luft ist dick von Bier und Schweiß,
Von Kassler und Pommes frites.

„Hoch auf dem gelben Wahagen
Sitz ich beim Schwager vorn."
Das ist kaum zu ertrahagen
Ohne Nordhäuser Korn …

„Drei Lilien, drei Lilien,
Die pflanzt ich auf mein Grab."
Rotwein auf Textilien
Geht ganz schwer wieder ab.

Jetzt kommt der laute „Westerwald".
Karl-Heinz pfeift scharf den Wind.
Den Frauen wird es langsam kalt.
Renate sucht ihr Kind.

„Ich hatt einen Kameraden."
Darauf die „Wacht am Rhein".
Und nochmal nachgeladen.
„Ich will ein Preuße sein!"

Die ersten Bomben fallen schon
Aufs schnöde Engeland.
Da stimmt der Text, da stimmt der Ton.
Die Lieder sind bekannt.

Das deutsche Lied bleibt immerdar
So rein wie deutscher Klang.
Und bleibt doch unberechenbar,
Wie Männerchorgesang.

Ostern II

Das Osterhuhn, das Osterhuhn
Das hat vor Ostern viel zu tun
Bis gestern legt es nur ein Ei.
Ab heute sind es täglich drei.
Der Osterhahn, der Osterhahn
Der ist vor Ostern auch schlecht dran
Trat er zwölf Hühner nur seit gestern
Betreut er heut noch deren Schwestern.
Der Osterhas, der Osterhas
Malt Eier ohne Unterlass
Im Wahlkampf für Minister Meyer
Zweitausend schwarz-rot-goldne Eier.
Das Osterlamm, das Osterlamm
Kann nichts und hat auch kein Programm
Man liest ihm aber weltweit Messen
Dann wird es fröhlich aufgegessen.

Advent II

Jetzt kommen die frommen Tage
Bald wird uns der Heiland geboren
Zu jeder Zeit und Lage
Dröhnt es: „Wir sind nicht verloren."
Ob Anarchist, ob Ackermann
Ob Mehdorn oder Vatikan
Ob MDR, ob Schunkelchrist
Ob Tengelmann, ob Journalist
Dass Schalke uns bald neugeboren
Hämmert es in unsre Ohren
Der echte Christ ist deutsch und fromm
Dass er in den Himmel komm
Doch nicht bloß er, nein auch sein Samen
Amen!

Rotkäppchen, du sollst deine Oma ehren
Pack Wein ein und auch etwas Kuchen
Und setz dein kleines rotes Käppchen auf
Um deine Oma im Gefängnis zu besuchen.

Mein Kind, stell dich doch nicht so blöde an
Du wirst den Froschkönig schon küssen
Um in der Ehe deine Wünsche auch erfüllt zu sehn
Wirst du ihn, glaub ich, oft noch küssen müssen.

Wie wird man Millionär?
Willst du das wissen?
Genauso beschissen
wie von alters her:
Andere für sich arbeiten lassen
und jammern bei vollen Kassen.

Fliegenphilosophie

Pferde sind den Fliegen unterlegen
Wenngleich Pferde größere Köpfe haben
Doch sie können sich nicht so bewegen
Und nicht fliegen, höchstens etwas traben.
Pferde können auch nicht senkrecht laufen
Hoch an Gläsern oder auch an Scheiben
Und sie können nicht aus Tassen saufen
Und sich täglich zwanzigmal beweiben.
Pferde können sich nicht einmal kratzen
Denn die Füße ziert ein schweres Eisen
Fliegen haben Sauger an den Tatzen
Das ist günstig für die Arbeitsweisen.
Und so sitzen sie auf Stutenrücken
Oder auf dem warmen Kot der Hengste
Summen um die Nüstern vor Entzücken
Kennen in Bedrängnis keine Ängste.
Scherzen in der Sonne und sie lachen
Möchtest du ein Pferd sein? Nie im Leben
Kann doch mit den Pferden alles machen
Was ich brauche, kann das Pferd mir geben.
Pferde sind doch arme dumme Tiere
Werden von den Menschen ausgebeutet
Ziehen Wagen, reisen auf Turniere
Werden notgeschlachtet und gehäutet.
Schließlich haben Pferde keine Seele
Wie die Menschen oder auch die Fliegen
Dass man seine Feinde nicht verfehle
Denn wer kämpfen muss, der will auch siegen.

Himmelfahrt

Wer auf Himmelfahrt verzichtet,
Umgeht dann auch den Jüngsten Tag.
Wer über die Idee berichtet,
Kann weiterleben – so er mag.

Herr, hab Dank …

Ach, war das ein leckres Essen
Diese Klöße, wie gemalt
Hellgelb. Duftig, heiß und dampfend
Dass die ganze Tafel strahlt
Und der braune Rinderbraten
Mit der Sauce Karamel
Und den fetten Rosenköhlchen
à la Montmartre-Mamsell.
Und der Wein aus Alicante
Ruht blassrosa im Pokal
Und es leuchten hohe Kerzen
Sicher tausend an der Zahl.
Ja, da dank ich Gott dem Herrn!
Wie es scheint, hat er mich gern.

Der nächste Krieg

Den nächsten Krieg gewinnen die Tschetschenen,
die Hutus, Tutus oder Sarazenen,
die Tibetaner, fromme Kommunisten,
polnische Mönche, die in London nisten.
Die Amis horchen in der Walachei,
und wer gewinnt, ist Gott so einerlei.

Wir müssen auch mal wieder einen Krieg gewinnen,
wir haben Menschen, Flieger, Schiffe, Waffen,
wir können uns ein Stück Afghanistan erobern
und rund um Kundus ein Stück Heimat schaffen.
Oder irgend so was.

Der Ameisenbär

Es war einmal ein Ameisenbär
Der hungerte im Frühjahr sehr
So lief er Richtung der Türkei
Vor Budapest an einer Mauer
Legte der Bär sich auf die Lauer
Zur Nacht kam eine Ameise vorbei.
Der Bär gähnte: „Zu klein",
Da brauchte ich schon zwei!"

Die kleine Motte

Es war einmal eine Motte.
Mit Vornamen hieß sie Charlotte.
Die Mutter warnte das Kind:
„Flieg nicht ans offene Feuer,
Die Gefahr ist ungeheuer.
Es weht stets ein heißer Wind."

Charlotte lachte verwegen.
Sie flog dem Feuer entgegen.
Die Hitze hat sie zerstört.
Es war nicht zu verhindern.
So ergeht es eben Kindern,
Die nicht auf die Mutter gehört.

Die Weihe

Ein Mann hat seinen Weg gemacht.
Wie hoch hingen die Trauben.
Niemals geriet er in Verdacht,
Blieb kühl und fest im Glauben.

Heut feiert ihn der Bundestag,
Die Frommen und Philister.
Da sitzen ohne Unbehag
Bischöfe und Minister.

Der schwere Kanzler tritt ins Bild
Und bittet ihn nach oben.
Er kriecht hinauf. Jetzt schwebt er mild
Von Englein angehoben.

Vor Jahren nur ein armer Hirt
Mit winzig kleinen Pfründen.
Wer von den Schafen sucht verirrt
Noch nach Karrieregründen?

Jetzt donnert das Halleluja
Durch die erschreckte Linke.
Schaut! Der Behördenchef ist da,
Gebräunt von Fernsehschminke.

Er zerrt ans Licht, was sich bewegt,
Die Tat und auch den Täter,
Entlarvt seit Jahren unentwegt
Verrat und auch Verräter.

Jetzt stehn die beiden Aug in Aug.
Er hört dem Kanzler zu.
„Du bist jetzt nicht mehr Pastor Gauck,
Großinquisitor bist du."

Großinquisitor! Welch ein Rang,
Den Konrad von Marburg getragen,
Den wünscht' er sich ein Leben lang,
Der Mann mit Gott im Magen.

Nachwort

Das Nachwort war eigentlich als Vorwort gedacht. Da sich der Illustrator und ich bei der Formulierung teils nicht ganz einig wurden („Das Lob von oben ist noch kein Qualitätsbeweis") blieb es bei der ersten Titelfassung „Poesie Al bumm".
Da es sich um ein Satirisches Lehrbuch handelt, so dächte ich, würde es seinen Zweck auch an dieser Stelle erfüllen.
Das Nachwort dient einem doppelten Zweck. Einmal freut sich der Leser, dass ihm dieses Büchlein wohlfeil an die Hand gegeben wurde, und zum andern, dass er es mit Freude gelesen hat. Natürlich hätte er sich auch Eckermanns „Gespräche mit Goethe" zur Brust nehmen können. Das wäre für ihn sehr lehrreich und interessant geworden. Aber dieses Buch hat immerhin 700 Seiten. Da überlegt man schon, ob man überhaupt anfängt. Nun, man hat es geschafft. Und wir alle können wirklich sehr stolz sein –, dass unser Volk solch hervorragende Leser hat. Ja, und – das darf hier ganz offen gesagt werden –

                     auch Autoren und Zeichner.

Edgar Külow

Über Eddi Külow

Wir wissen, Eddi war alt und ging auf die 90 zu, er war nicht mehr ganz gesund, bediente sich einer Gehhilfe, vulgo Krücke, und schleppte wie Kurt Böwe einen Beutel mit sich – natürlich nicht, um damit zu kulten, sondern aus Nützlicheitserwägungen.

Und sein langes Leben war erfüllt, war prallvoll mit den vergnüglichsten Tätigkeiten – beneidenswerterweise –, vergnüglich nicht nur für ihn selber, sondern auch und vor allem für andere: Wir haben ihn im Kabarett gesehen, im Fernsehen ebenso wie auf großen, kleinen und kleinsten Bühnen, wir haben seine Bücher, Euletexte, Fußballkolumnen gelesen, und wir sind bei langweiligen Filmen aufgewacht, wenn sich die Tür eines Zugabteils auftat und ausgerechnet Eddi, als Reichsbahner verkleidet, die Fahrkarten kontrollieren wollte. Er trat auf in Pfeffermühle, Tele-BZ, Distel, bei Jazz Lyrik Prosa und tausend anderen Veranstaltungen und Gelegenheiten; er schrieb in der Eule, schon damals unverwechselbar im Ton, und seine Filmografie ist länger als die von Jean-Paul Belmondo, freilich mit weniger Hauptrollen …

Bei aller Fülle, wir empfinden den Verlust. Es wird keinen Eckenbrüller mehr geben und keinen vor schierem Unverständnis oder lustvoller Schadenfreude quiekenden Kritiker der Regierungspolitik. Es wird keinen mehr geben, der wie er auf eine Bühne gehen und so etwas sagen kann wie „Beschlusskontrolle" oder: „Einer von der BGL da?" oder einfach nur „Genossen!", ein Wort also, und die Leute biegen sich auf den Bänken in Lachkrämpfen. Denn das zeichnete ihn aus vor anderen: enorme Präsenz – körperlich, gestisch, stimmlich – durch Witz, schauspielerisches Können und Instinkt für Timing.

Freilich, diese Fähigkeiten wären nichts gewesen ohne

vertrauten Umgang mit seinem Publikum. Als 1990 viele seiner Landsleute dem Fortschritt abgeschworen und ihren Staat an einen anderen, minder gesitteten übergeben hatten, konnte Edgar Külow viel leisten als Politik- und Integrationsberater. Er kannte die fremde Spezies von jenseits der Elbe besser als die meisten, und er verstand vor allem etwas von den großen, ewigen Welträtseln: der katholischen Kirche und der SPD.
Es oszillierten deshalb bei ihm die saftigen Späße und der Spott über Kultus und Ritus bei diesen und jenen immer zwischen dem Übermut entlaufener Ministranten und dem trotzigen Beharren auf dem wackligen Platz zwischen KPD und SPD, dem Stuhl also, auf dem schon die USPD nicht so sehr bequem gesessen hatte. Man kann es kurz sagen: Indem er den Wessi spielte, gewann er seine Ossis. Als die Leipziger Pfeffermühle 1964 unter ihrem Leiter Edgar Külow ein Programm herausbrachte, das „Woll'n wir doch mal ehrlich sein" hieß, sah der Leipziger Bezirkssekretär das als Affront und ideologische Diversion an. Man kommt heute oft nicht mehr dahinter, welche Beweggründe die Leute damals wirklich hatten. Man kennt nur noch die manchmal leider verheerenden Folgen dieser unverständlichen Spielzüge im Klassenkampf; Edgar Külow gehörte ganz gewiss zu denjenigen, die mehr Beulen von den eigenen Leuten am Helm hatten als vom Gegner. Die Zeiten waren so, dass Eddi nun anderwärts ehrlich sein durfte. Er ging nach Berlin, was ja nicht nur eine Verschlechterung darstellte, und dort zum Fernsehen.
Ende der 70er Jahre stiftete Heinz Behling den „Eddi". Zu beiden muss man etwas sagen: Heinz Behling war ein höchst einfallsreicher Künstler, und neben vielen andern Ideen, die von der Gründung des „Eulenspiegel" bis zur Erfindung des DDR-Staatswappens reichten – welche Ko-

inzidenz: die Insignien des Staats ebenso wie seine kritisch-satirische Spiegelung kamen also aus einer Hand! –, neben diesen Ideen hatte er auch eine, die heute vielleicht randständig wirkt, aber clandestin die Abteilung Orden und Ehrenzeichen aufmischte: Behling hat eine Auszeichnung erfunden, die er „Eddi" nannte, ein Äquivalent für den Oscar und einen Ersatz für jene, die den nie erhalten würden: also für die großen Kleindarsteller, für die Unberücksichtigten, für die Künstler aus den übersehenen Sparten, für die vom Medienbetrieb Unbeachteten oder sich ihm nicht Andienenden ...
Verliehen wurde der Preis – eine fragile Tonstatuette mit dem charakteristischen Aussehen von ... na? eben Eddi! – unregelmäßig und bei mancherlei bunten Gelegenheiten, Jubiläen, Ausstellungseröffnungen und ähnlichem, von einer Jury, die allein aus Heinz Behling bestand, und jedenfalls an einem Freitag, dem 13.
Edgar Külow hatte in Leipzig wie in Berlin mit Helga Hahnemann zusammengearbeitet. Diese beiden sind also zu Namensgebern zweier bedeutender Preise geworden, zu Stiftern kultureller Traditionslinien also. Während es aber die eine, jüngere, die „Goldene Henne", bis heute gibt, ist der „Eddi" irgendwann eingegangen ...
Ich fände gut, den „Eddi" neu zu stiften. Die Gründe liegen auf der Hand. Einmal Eddi selbst und das Gedenken an ihn. Und es gibt immer mal einen Freitag, den 13., den man heil herumbringen muss. Vor allem: Es gibt haufenweise Leute, die einen Preis wie den „Eddi" verdienen und bestimmt keine „Goldene Henne" kriegen werden ...
Wir brauchen einen Preis, bei dem man sicher sein kann, dass ihn Helmut Kohl nie kriegen wird!

(Aus der Grabrede des Verlegers Matthias Oehme, am 13. Sept. 2012, Auferstehungsfriedhof, Berlin-Weißensee)